Impressum
Verlag: BABADADA GmbH, Nedderfeld 112 , 22529 Hamburg
Geschäftsführer / Verlagsleitung: Harald Hof
Druck: Books on Demand GmbH, In de Tarpen 42, 22848 Norderstedt

Imprint
Publisher: BABADADA GmbH, Nedderfeld 112 , 22529 Hamburg, Germany
Managing Director / Publishing direction: Harald Hof
Print: Books on Demand GmbH, In de Tarpen 42, 22848 Norderstedt, Germany

школа

sukuu

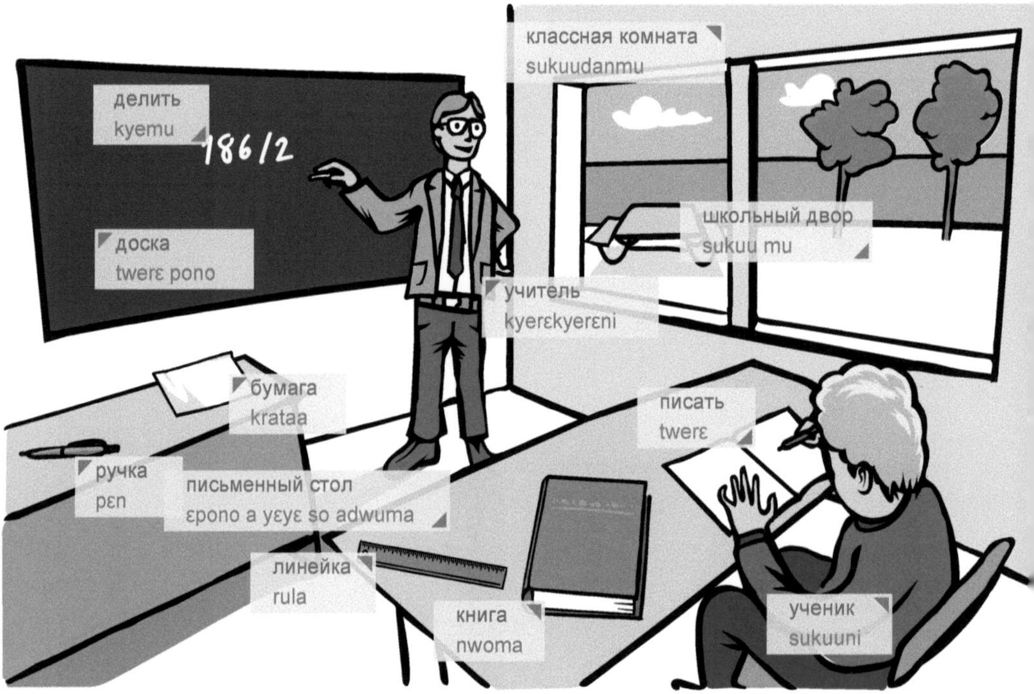
классная комната
sukuudanmu
делить
kyemu
186/2
доска
twerɛ pono
школьный двор
sukuu mu
учитель
kyerɛkyerɛni
бумага
krataa
писать
twerɛ
ручка
pɛn
письменный стол
ɛpono a yɛyɛ so adwuma
линейка
rula
книга
nwoma
ученик
sukuuni

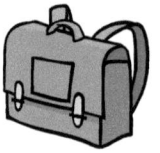

ранец

baage

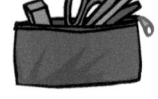

пенал

twerɛdua konko

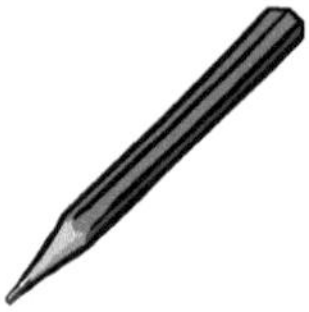

карандаш

twerɛdua

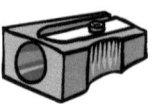

точилка

deɛ yɛde sensen twerɛdua ano

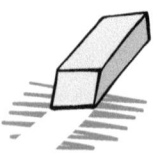

ластик

rɔba

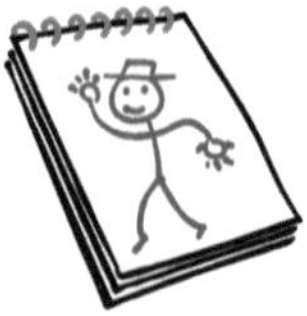

альбом для рисования

krataa a yɛdwi adeguso

рисунок

adedwie

кисточка

penti brɔhye

коробка красок

penti adaka

ножницы

apasɔɔ

клей

aman

тетрадь

nwoma a yɛyɛ mu adwuma

домашняя работа

efie adwuma

цифра

nɔma

прибавлять

kabom

вычитать

te fri mu

умножать

mmɔho

считать

sese

буква

lɛtɛ

алфавит

ntwerɛeɛ

слово

asɛmfua

текст

ntwerɛdeɛ

читать

kenkan

мел

kyɔk

урок

adesua

классный журнал

twerɛ wo din

экзамен

nsɔhwɛ

диплом

abodinkrataa

школьная форма

sukuu ataadeɛ

образование

adesua

энциклопедия

nyansa nwoma

университет

suapɔn

микроскоп

maakroskop

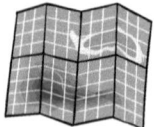

карта

map

корзина для бумаг

kɛntɛn a yɛde krataa nwura
gu mu

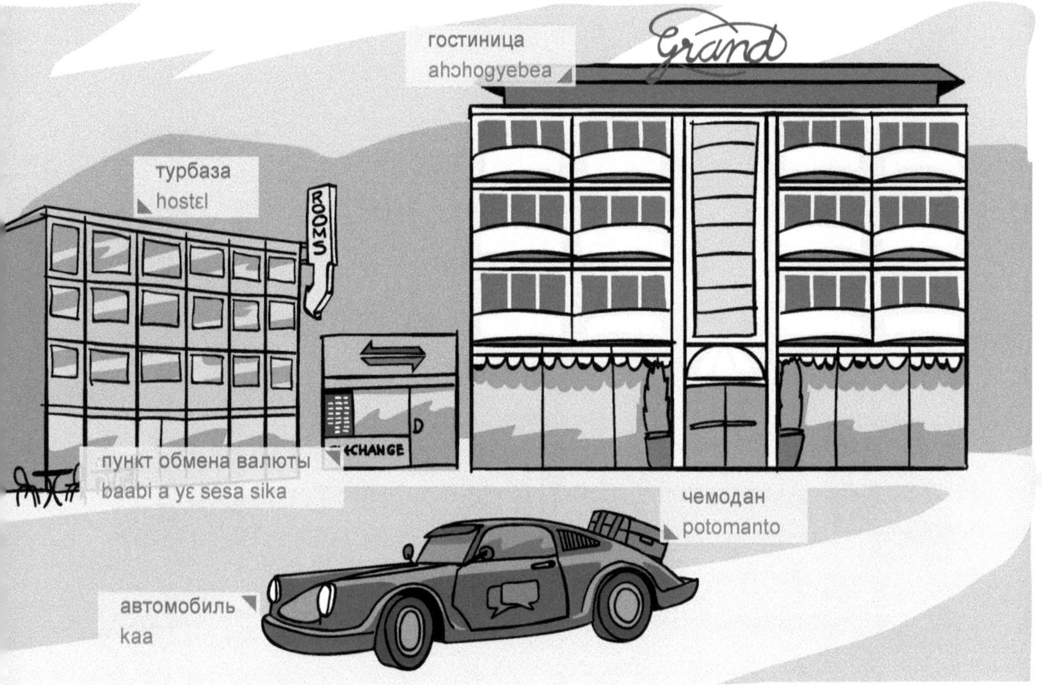

гостиница
ahɔhogyebea
Grand
турбаза
hostɛl
ROOMS
EXCHANGE
пункт обмена валюты
baabi a yɛ sesa sika
чемодан
potomanto
автомобиль
kaa

язык

kasa

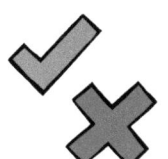

да / нет

aane / dabi

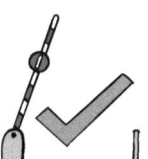

хорошо

Yoo

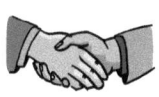

Привет

hɛlo

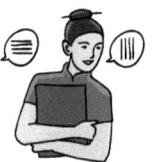

переводчик

kasa asekyerɛfoɔ

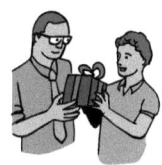

Спасибо

Medaase

Сколько стоит...?

...bɔɔ yɛ sɛn?

Я не понимаю

Me nte aseɛ

проблема

ɔhaw

Добрый вечер!

Maadwo!

Доброе утро!

Maakye!

Доброй ночи!

Dayie!

До свидания

baibai o

направление

akwankyerɛ

багаж

wo nneɛma

сумка

bɔtɔ

рюкзак

akyirebɔtɔ

гость

ɔhɔhoɔ

комната

danmu

спальный мешок

bɔtɔ a yɛda mu

палатка

ntomadan

туристическая информация
nsɛm dema wɔn a wɔkɔ nsrahwɛ

пляж
mpoano

кредитная карточка
kaade a yɛde yi sika

завтрак
anɔpa aduane

обед
awua aduane

ужин
anwumerɛ aduane

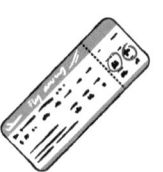

билет
tiket

лифт
pegya

почтовая марка
stamp

граница
ɛhyeɛ so

таможня
kutɔmfoɔ

посольство
embasi

виза
visa

паспорт
passpɔt

транспорт
akɔneabadie

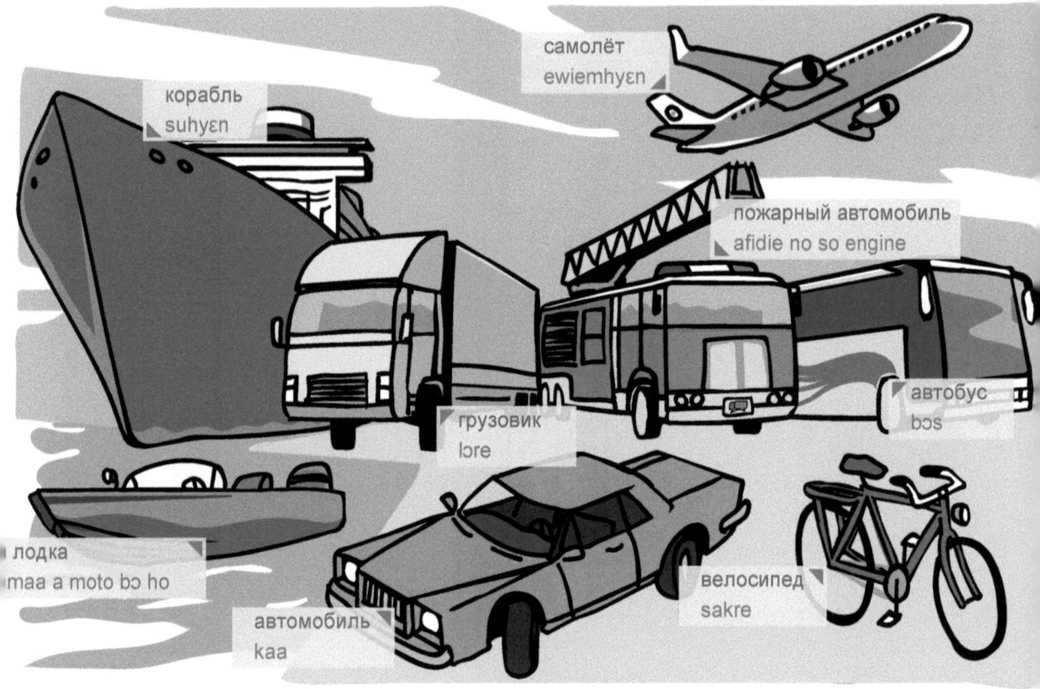

самолёт
ewiemhyɛn
корабль
suhyɛn
пожарный автомобиль
afidie no so engine
автобус
bɔs
грузовик
lɔre
лодка
maa a moto bɔ ho
велосипед
sakre
автомобиль
kaa

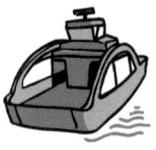

паром

hyɛma

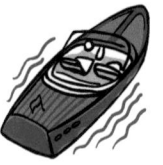

лодка

suhyɛn kumaa

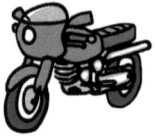

мотоцикл

motosakre

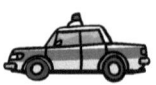

полицейский автомобиль

polisifoɔ kaa

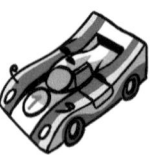

гоночный автомобиль

kaa a ɛkɔ mirika akansie

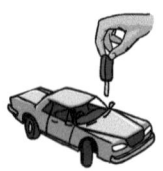

арендованный автомобиль

kaa a yɛde ma ahan

совместное пользование
автомобилями

wɔre kyɛ kaa

буксировочный
автомобиль

lɔre a asɛɛɛ

мусоровоз

bɔɔla kaa

двигатель

moto

топливо

pɛtro

заправка

baabi a yɛbu pɛtro

дорожный знак

trafik ahyɛnsodeɛ

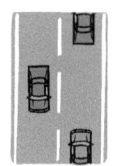

движение

trafik

пробка

trafik akye

автостоянка

baabi a yɛde kaa esi

вокзал

keteke gyinabea

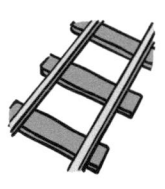

рельсы

keteke kwan

поезд

keteke

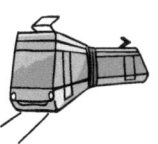

трамвай

tram

вагон

ponkɔ kaa

вертолёт

helikopta

аэропорт

ewiemhyɛnbea

вышка

abansoro

пассажир

apasingyani

контейнер

tontowa

коробка

adaka

тележка

kaate

корзина

kɛntɛn

взлетать / приземляться

atu / asi fam

город

kuro kɛseɛ

деревня

akurase

центр города

kuro dwaberɛ mu

дом

efie

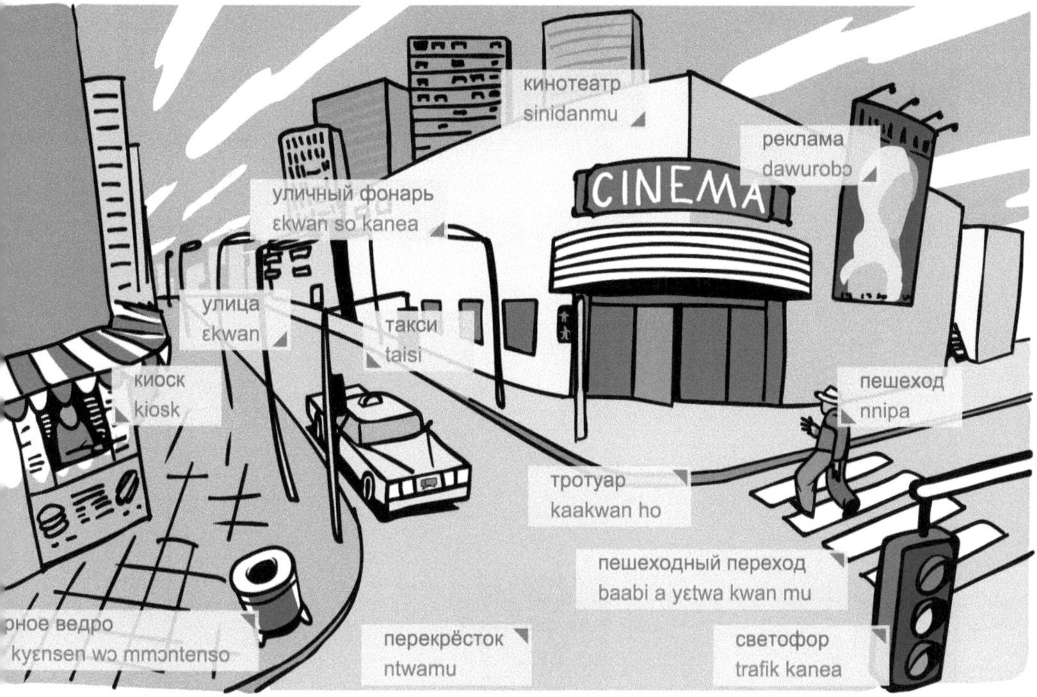

кинотеатр
sinidanmu

реклама
dawurobɔ

уличный фонарь
ɛkwan so kanea

улица
ɛkwan

такси
taisi

CINEMA

киоск
kiosk

пешеход
nnipa

тротуар
kaakwan ho

пешеходный переход
baabi a yɛtwa kwan mu

рное ведро
kyɛnsen wɔ mmɔntenso

перекрёсток
ntwamu

светофор
trafik kanea

хижина
....
apata

квартира
....
efie

вокзал
....
keteke gyinabea

ратуша
....
adwaberɛm

музей
....
bea a yɛ kora tete nneɛma

школа
....
sukuu

университет

suapɔn

банк

sikakrobea

больница

ayaresabea

гостиница

ahɔhogyebea

аптека

famasi

офис

asoeɛ

книжный магазин

sotɔɔ a wɔtɔn nwoma

магазин

sotɔɔ

цветочный магазин

baabi yɛtɔn nhwiren

супермаркет

sotɔɔpɔn

рынок

edwam

универмаг

sotɔɔ kɛseɛ

торговец рыбой

baabi a yɛtɔn mpataa

торговый центр

dwadibea kɛseɛ

порт

suhyɛn gyinabea

парк

baabi kaa gyina

скамейка

bɛnkye

мост

ɛtwene

лестница

atwedeɛ

метро

asaase ase

тоннель

ɛbɔn

автобусная остановка

baabi a bɔs gyina

бар

nsanombea

ресторан

adidibea

почтовый ящик

lɛta adaka

табличка с названием улицы

ɛkwan so akwankyerɛ

паркометр

baabi kaa gyina ho mita

зоопарк

zoo

бассейн

nsuo a yɛ dware mu

мечеть

nkramodan

ферма

afuo

загрязнение окружающей среды

dɛɛ egu mmɔnten so fi

кладбище

asieɛ

церковь

asɔre

детская площадка

agodibea

храм

asɔre dan

ландшафт

mmɔnten so asiesie

лист
ahaban

дорожный указатель
sanbɔd

дорога
kwan

луг
asaase a ɛsere wɔ so

камень
boba

путешественник
ɔnantefoɔ

дерево
dua

река
asubɔnten

трава
ɛserɛ

цветок
nhwiren

долина

amenamu

гора

bepɔ

озеро

tadeɛ

лес

kwaeɛ

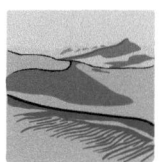

пустыня

ɛserɛ so

вулкан

egya a efri botan mu

замок

abankɛseɛ

радуга

nyankontɔn

гриб

emere

пальма

abɛtene

комар

ntomntom

муха

tu

муравей

ntɛtea

пчела

wowa

паук

ananse

жук

amankuo

лягушка

apɔnkyerɛni

белка

opuro

еж

apɛsɛ

заяц

adanko

сова

patuo

птица

anomaa

лебедь

nsuo mu dabodabo

кабан

kɔkɔte

олень

adoa

лось

ɔtweenini

плотина

dam

ветряной генератор

wind turbine afidie

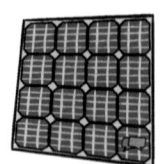

солнечная батарея

afidie a ɛkye awia

климат

wiem nsakraeɛ

ресторан

adidibea

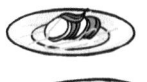

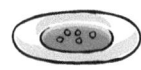

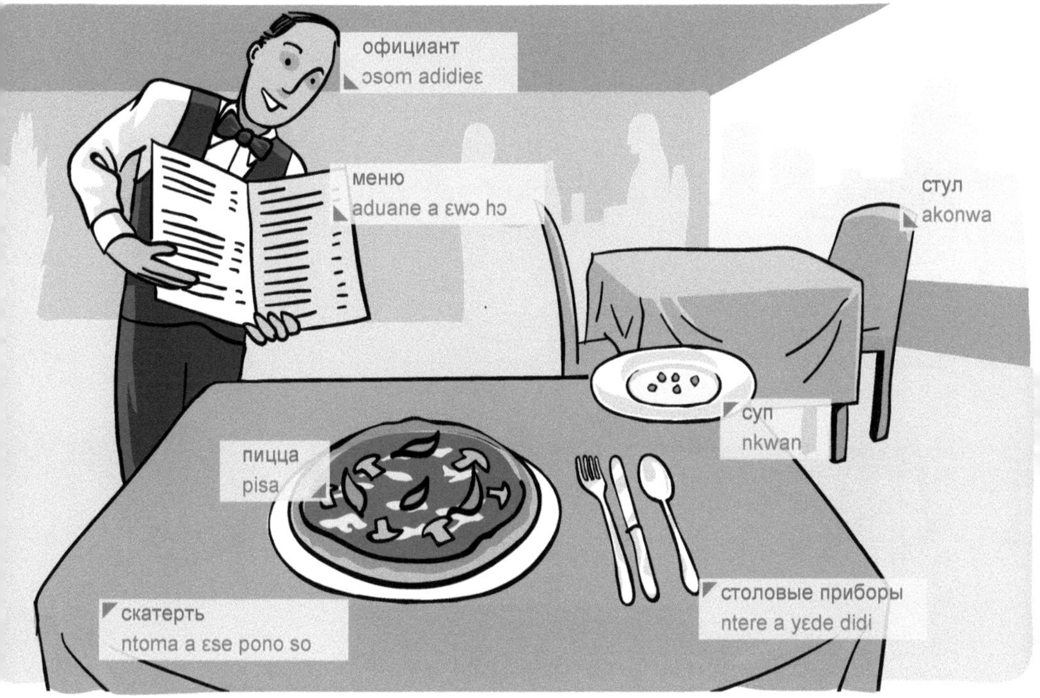

официант
ɔsom adidieɛ
меню
aduane a ɛwɔ hɔ
стул
akonwa
суп
nkwan
пицца
pisa
скатерть
ntoma a ɛse pono so
столовые приборы
ntere a yɛde didi

закуска

mprampra anom

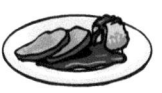

главное блюдо

aduane no ankasa

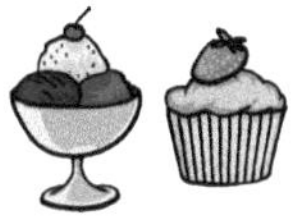

десерт

mpa anom

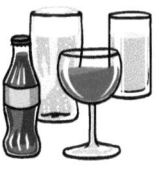

напитки

nsa

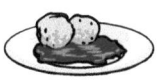

еда

aduane

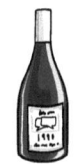

бутылка

toa

фастфуд

aduane hyewhyew

уличная еда

abɔnten so aduane

чайник

tii kukuo

сахарница

asikyire konko

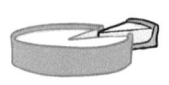

порция

wo kyɛfa

кофеварка

espresso afidie

детский стульчик

akonwa tenten

счет

wo ka

поднос

apanpan

нож

sekan

вилка

adinam

ложка

atere

чайная ложка

atere ketewa

салфетка

napkin a yɛde pepa ano

стакан

glase

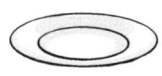

тарелка

prɛte

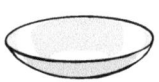

суповая тарелка

kwan kyɛnsee

блюдце

prɛte ketewa

соус

abomu

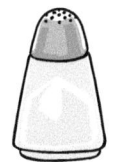

солонка

nkyene kukuo

мельница для перца

yɛde yam mako

уксус

fenega

масло

anwa

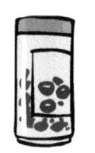

специи

aduhwam

кетчуп

kɛkyɔp

горчица

mustad

майонез

mayones

супермаркет

sotɔɔpɔn

специальное предложение
ntesoɔ soronko
FOR
покупатель
adetɔfoɔ
молочные продукты
nanatwie nufusuo
фрукты
aduaba
тележка для покупок
hwiili

BUTCHERS

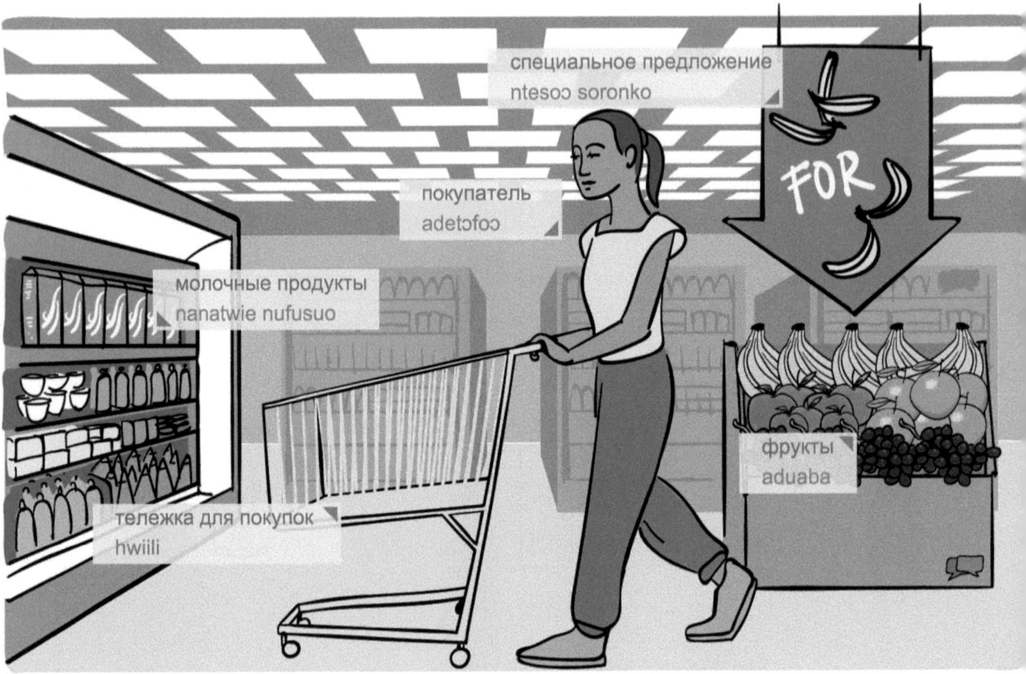

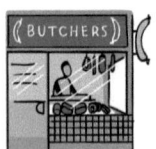

мясной магазин

baabi a yɛtɔn nam

BAKERY

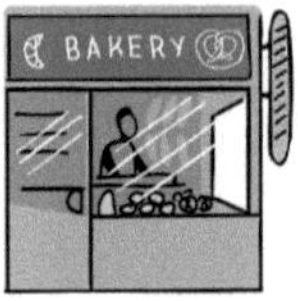

пекарня

baabi a yɛtɔn paano

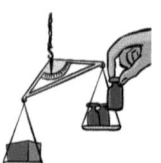

взвешивать

susu

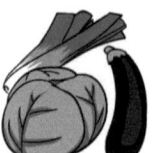

овощи

atosodeɛ

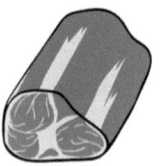

мясо

nam

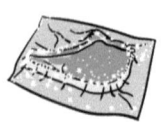

быстрозамороженные продукты

frigyemu aduane

нарезка

nam a adwɔɔ

консервы

kyɛnsee mu aduane

стиральный порошок

paoda samena

сладости

adedɔkɔdɔkɔ

предмет домашнего
обихода
efie nneɛma

моющее средство

adetɔneɛ a yɛde pepa fin

продавщица

nnipa a ɔtɔn adeɛ

касса

afidie a egye sika

кассир

ɔgyegye sika

список покупок

krataa a wodi rekɔ di dwa

время работы

berɛ a wɔde bua

бумажник

sikabotɔ

кредитная карточка

kaade a yɛde yi sika

сумка

baage

полиэтиленовый пакет

rɔba baage

вода

nsuo

сок

aduaba mu nsuo

молоко

nufusuo

кока-кола

kok

вино

wain nsa

пиво

biya

алкоголь

mmorosa

какао

kokoo

чай

tii

кофе

kofe

эспрессо

espresso

капучино

kapukyino

банан

kwadu

яблоко

apol

апельсин

ankaa

арбуз

melon

лимон

akutoɔ

морковь

karɔt

чеснок

garlik

бамбук

pampro

лук

gyeene

гриб

mmere

орехи

nkateɛ

лапша

talia

спагетти

spageti

рис

ɛmo

салат

salad

картофель фри

kyipis

жареный картофель

abrɔdwomaa a y'akye

пицца

pisa

гамбургер

hambɔga

сэндвич

sanwekye

шницель

nam a dompe nnim

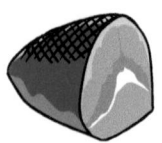

ветчина

preko nam

салями

nam a y'ahata

колбаса

sɔsege

курица

akokɔ

жаркое

toto

рыба

apataa

овсяные хлопья

oosu koko

мюсли

muesli

кукурузные хлопья

konflese

мука

esam

круассан

krossant

булочка

paano a y'abobɔ

хлеб

paano

тост

paano a y'atoto

печенье

biskete

масло

bɔta

творог

nufusuo a ada

пирог

keeke

яйцо

kosua

яичница

kosua a y'akyeɛ

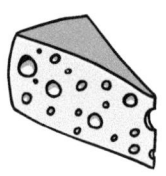

сыр

kyiis

мороженое

asskrim

сахар

asikyire

мёд

ɛwoɔ

мармелад

gyaam

крем с нугой

kyokolete

карри

kɔri

ферма

afuo

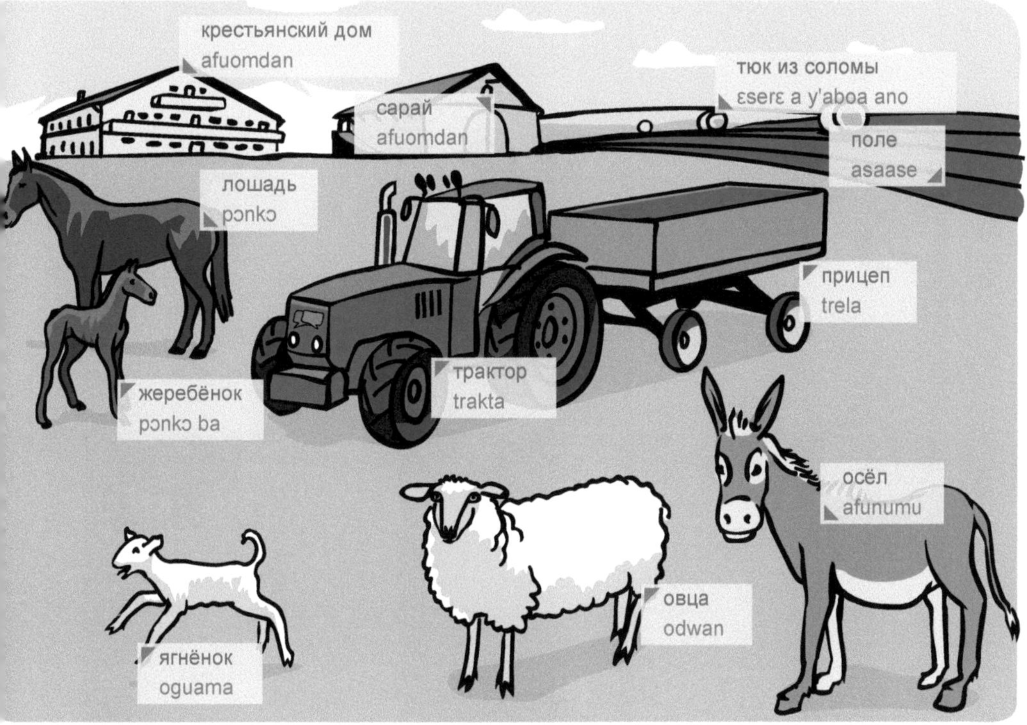
крестьянский дом
afuomdan
тюк из соломы
ɛserɛ a y'aboa ano
сарай
afuomdan
поле
asaase
лошадь
pɔnkɔ
прицеп
trela
трактор
trakta
жеребёнок
pɔnkɔ ba
осёл
afunumu
овца
odwan
ягнёнок
oguama

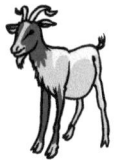

коза
apɔnkye

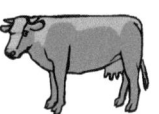

корова
nantwie

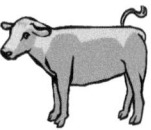

телёнок
nantwie ba

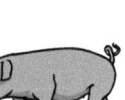

свинья
prɛko

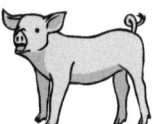

поросёнок
prɛko ba

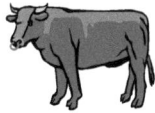

бык
nantwinini

гусь
....
dabodabo nua

утка
....
dabodabo

цыплёнок
....
akokɔba

курица
....
akokɔbedeɛ

петух
....
akokɔnini

крыса
....
kusie

кошка
....
ɔkra

мышь
....
akura

вол
....
nantwinini

собака
....
kraman

конура
....
kraman buo

садовый шланг
....
afuom drobɛn

лейка
....
tontora a yɛde gu nsuo

коса
....
sekan a yɛde twa aburo

плуг
....
funtum dadeɛ

серп

kɔntɔnkrɔ

мотыга

asɔ

навозные вилы

afuom adinam

топор

akuma

тачка

hweebaro

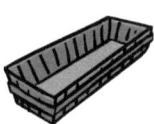

корыто

adidika

бидон для молока

nufusuo konko

мешок

bɔtɔ

забор

ɛban

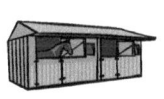

хлев

pɔnkɔ dan

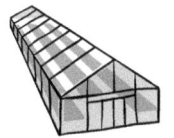

теплица

ntomadan a yɛyɛ mu afuo

почва

anwea

посев

aba

удобрение

ɔyɛ asaaseyie

комбайн

otwaberɛ trakta

собирать урожай

twa

урожай

otwaberɛ

ямс

bayerɛ

пшеница

ayuo

соя

soya

картофель

abrɔdwomaa

кукуруза

aburo

рапс

repu aba

фруктовое дерево

dua a ɛso aba

маниок

bankye

злаки

aburo asefoɔ

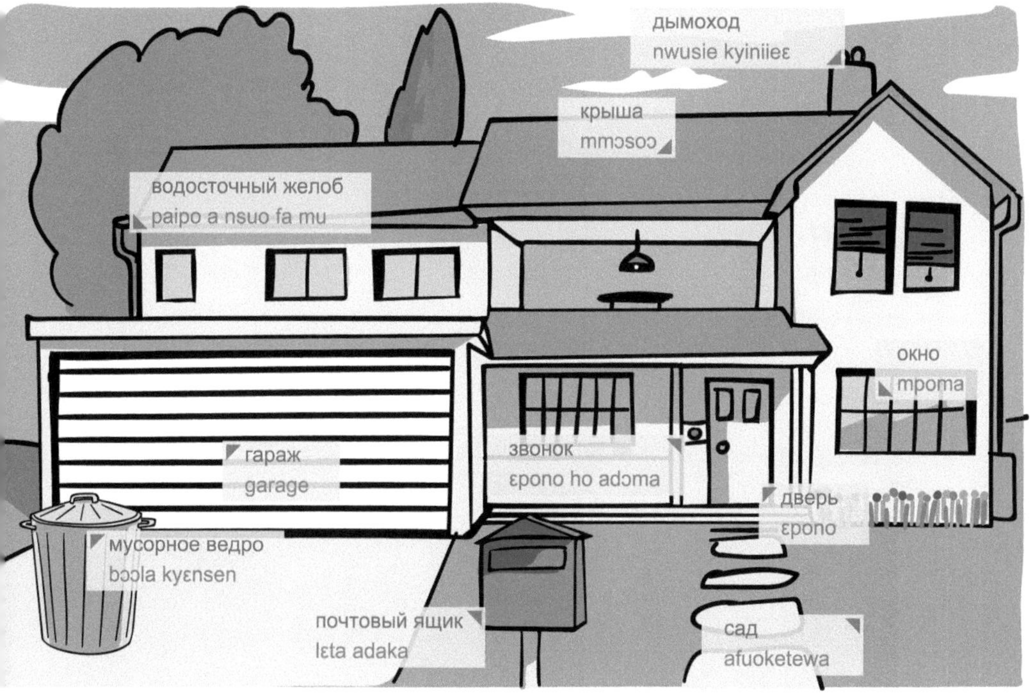

дымоход
nwusie kyiniieɛ

крыша
ɔcoɔmm

водосточный желоб
paipo a nsuo fa mu

окно
mpoma

гараж
garage

звонок
ɛpono ho adɔma

дверь
ɛpono

мусорное ведро
bɔɔla kyɛnsen

почтовый ящик
lɛta adaka

сад
afuoketewa

гостиная

asaso

ванная комната

adwareɛ

кухня

mukaase

спальня

pie mu

детская комната

nkwadaa dan mu

столовая

dan a yɛdidi mu

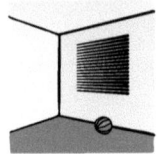

пол

εfam

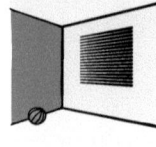

стена

εban

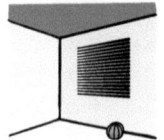

потолок

abruuso

подвал

danbloo

сауна

adwereε a εbɔ ɔhyew

балкон

abranaa

терраса

abranaaso

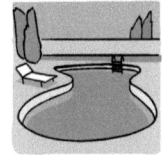

бассейн

nsuo a yɛdware mu

газонокосилка

afidie a yɛde dɔ

пододеяльник

nsεfam

покрывало

ntoma a εse kɛtɛ so

кровать

mpa

метла

prayε

ведро

bokiti

выключатель

dane

гостиная

asaso

обои
krataa a ɛfam dan ho
рисунок
nfonin
лампа
kanea
полка
kɔbɔd
шкаф
kɔbɔd adaka
телевизор
tiivi
камин
egya dabrɛ
цветок
nhwiren
подушка
kuhyɛn
диван
akonwa kɛseɛ
ваза
kukuo a nhwiren hye mu
пульт дистанционного управления
remote

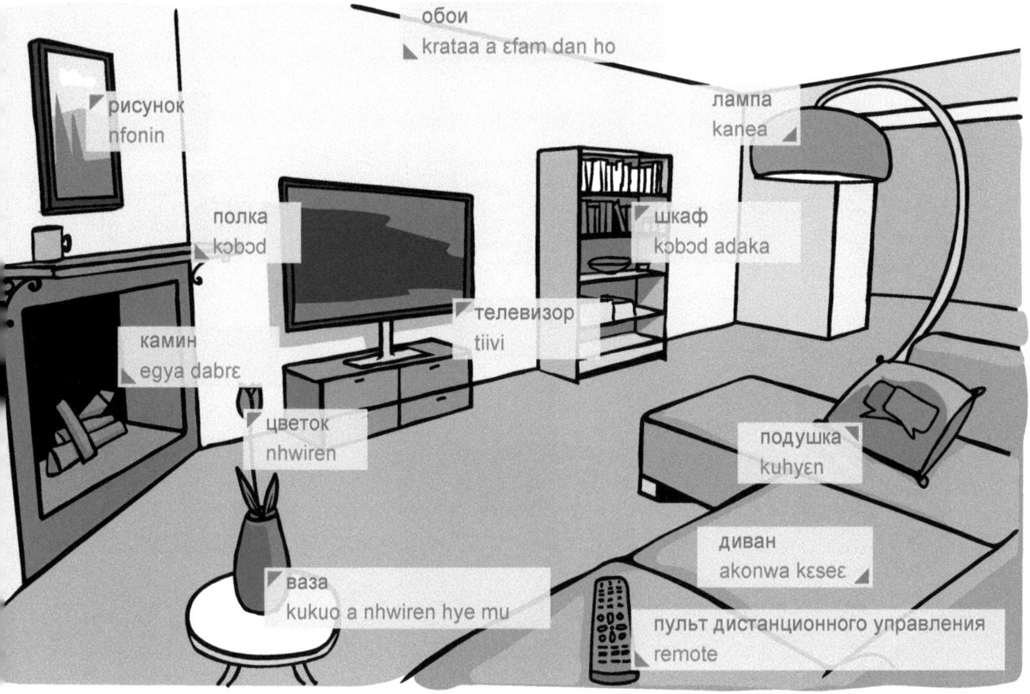

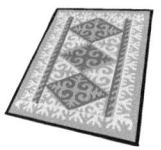

ковёр

kapɛte

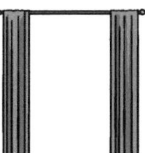

штора

ntwaa dan mu

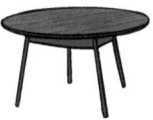

стол

ɛpono

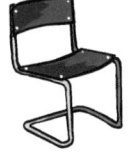

стул

akonwa

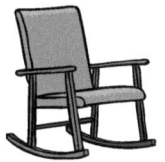

кресло-качалка

akonwa a ehinhim

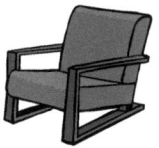

кресло

akonwa a yɛgyegye dan

книга

nwoma

покрывало

kuntu

украшение

dan mu nsiesie

дрова

egya

фильм

sini

стереосистема

wailɛs

ключ

safoa

газета

koowaa krataa

картина

nfonin a y'adwi

плакат

nfam danho

радио

radio

блокнот

krataa a yɛ twere mu

пылесос

afidie a ɛprapra

кактус

kaktus

свеча

kyɛnere

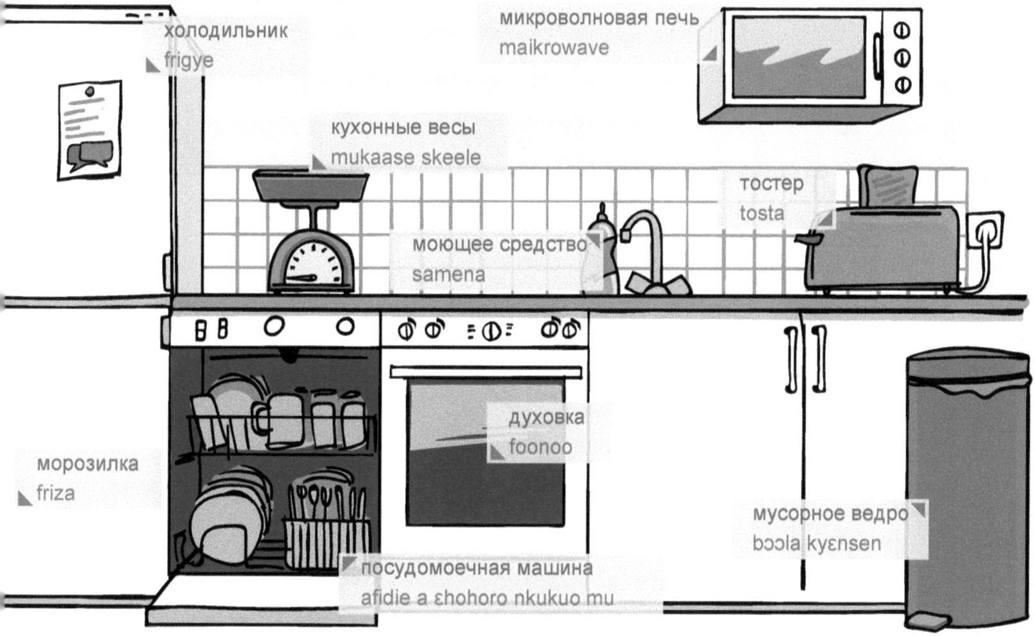

холодильник
frigye

микроволновая печь
maikrowave

кухонные весы
mukaase skeele

тостер
tosta

моющее средство
samena

духовка
foonoo

морозилка
friza

мусорное ведро
bɔɔla kyɛnsen

посудомоечная машина
afidie a ɛhohoro nkukuo mu

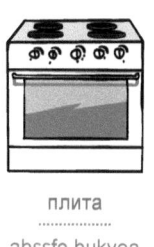

плита

abɛɛfo bukyea

кастрюля

kokuo

чугунный котелок

dadesɛn

вок / кадай

wok / kadai

сковорода

kyɛnsee

чайник

nsuo hyeɛ afidie

пароварка

stiima

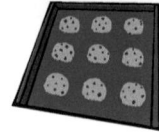

противень

apa a yɛ to so adeɛ

посуда

prɛte, kuruwa, ntere ne nea
ɛkeka ho

кружка

kuruwa a etumi bɔ

миска

kyɛnsee

палочки для еды

nnua a yɛde didi

половник

kwantre

лопатка

dua atere

сбивалка

yɛde nu adeɛ mu

сито

sɔneɛ

сито

fefe

тёрка

greta

ступка

waduro

гриль

kyinkyinga

костёр

bukyea

доска

εpono a yε twitwaso adeε

скалка

εta

штопор

deε yεtu nsa so

жестяная банка

konko

консервный нож

deε yεde bue konko so

прихватка

yεde sɔ kukuo mu

раковина

sink

щетка

brɔhye

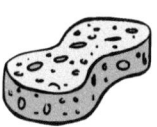

губка

sapɔ

миксер

aduane yam fidie

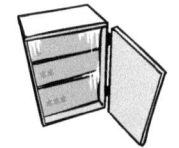

морозильная камера

friza nini

бутылочка для кормления

toa a abɔdoma nom ano

кран

paipo

ванная комната

adwareɛ

отопление
ɔhyewbɔ
душ
hyawa
полотенце
bɔɔloba
душевая занавеска
ntoma etwa hyawa mu
пенистая ванна
ahuro a yɛdware mu
ванна
pan a yɛdware mu
стакан
glase
стиральная машина
afidie a esi nnɛma
кран
paipo
плитка
tiailse
горшок
kuraba
раковина
sink

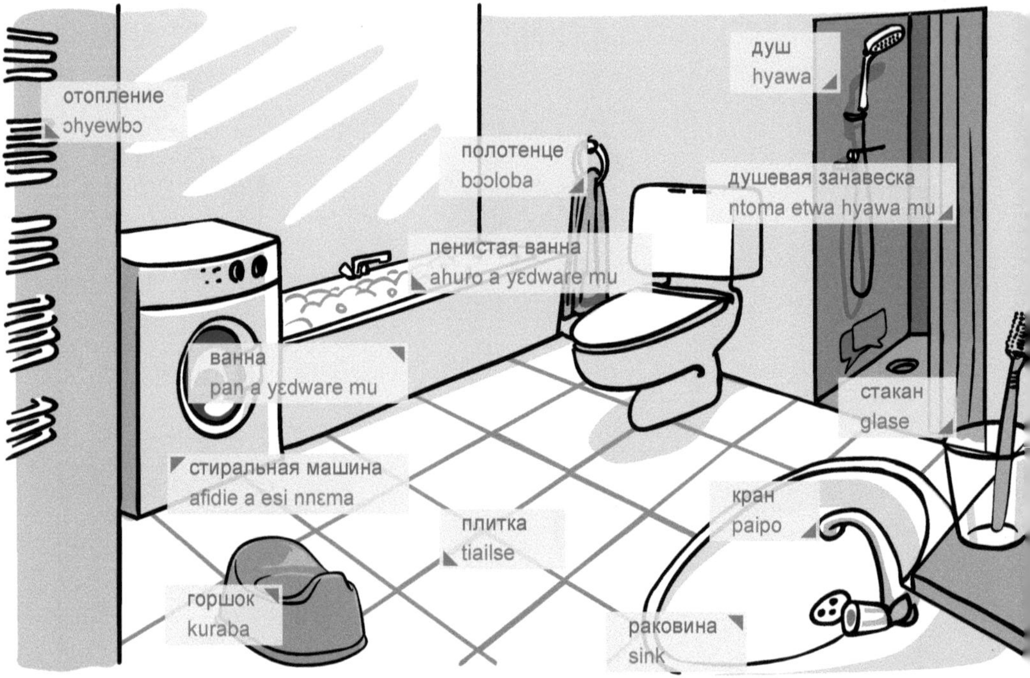

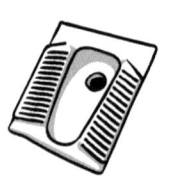

туалет
teɛfi

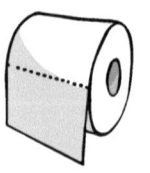

напольный унитаз
teɛfi a yɛ koto so

биде
bidet teɛfi

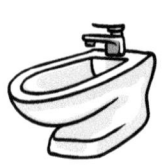

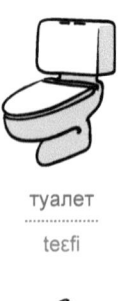

писсуар
dwonsɔ dan

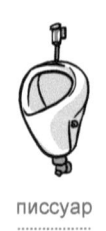

туалетная бумага
teɛfi so krataa

ершик
teɛfi so brɔhye

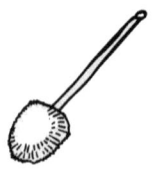

зубная щетка

brɔhye a yɛde twitwiri see

зубная паста

aduro a yɛde twitwiri see

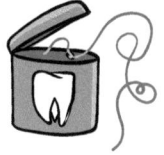

зубная нить

yɛde yiyi ɛsee mu

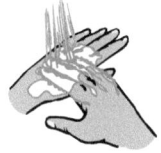

мыть

si

ручной душ

hyawa a yɛsɔ mu

интимный душ

paipo a yɛde hohoro
ananmu

таз

bokiti

щетка для спины

brɔhye a wode dware w'akyi

мыло

samena

гель для душа

hyawa samena

шампунь

nsuo samena

мочалка

flanɛl ntoma

сток

baabi a nsu fa pue

крем

nku

дезодорант

yɛde fefa amotoamu

зеркало

ahwehwɛ

ручное зеркало

ahwehwɛ a yɛsɔ mu

бритва

bled

пена для бритья

ahuro a yɛde yi nwi

лосьон после бритья

aduro a yɛde fefa baabi a
wo ayi nwi

расческа

afen

щетка

brɔhye

фен

afidie a ɛwo nwi

лак для волос

enwi sopre

косметика

pɔns

губная помада

lipstike

лак для ногтей

penti a yɛde mɔreɛ so

вата

asaawa

маникюрные ножницы

apasoɔ a etwa mmɔreɛ

духи

aduhwam

косметичка

adwareɛ baage

табуретка

edwa

весы

skele

халат

adwereɛ ataadeɛ

резиновые перчатки

rɔba a yɛde hyɛ nsa ho

тампон

tampon

гигиеническая прокладка

abɛɛfo amonsen

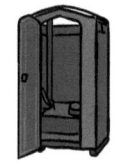

биотуалет

teɛfi a aduro gum

детская комната
nkwadaa dan mu

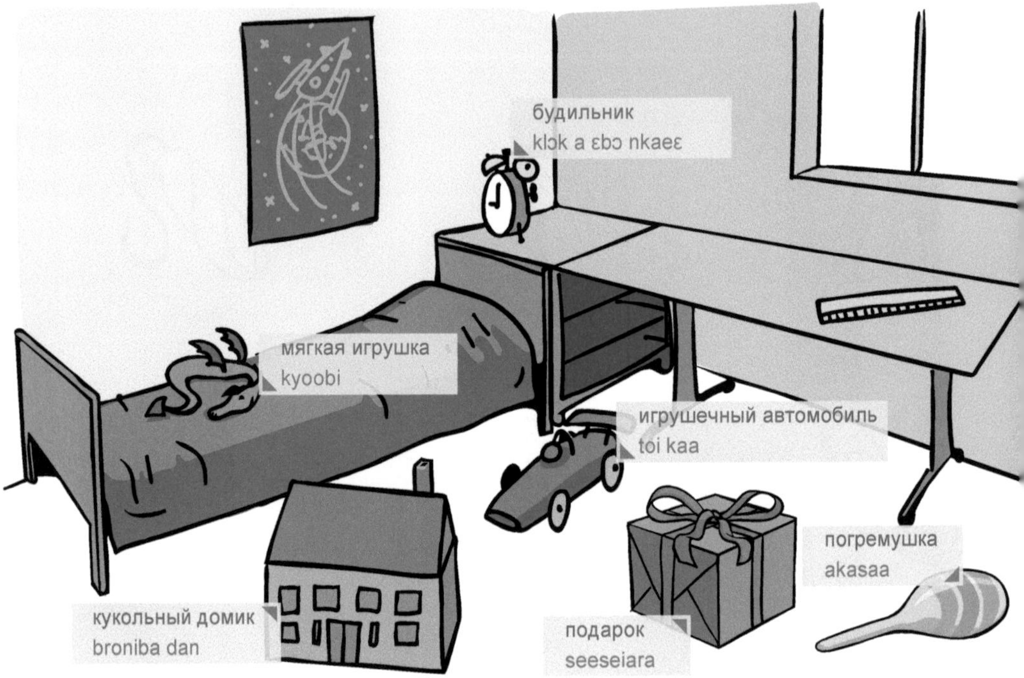
будильник
klɔk a ɛbɔ nkaeɛ
мягкая игрушка
kyoobi
игрушечный автомобиль
toi kaa
погремушка
akasaa
кукольный домик
broniba dan
подарок
seeseiara

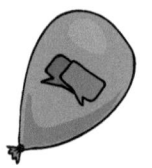

воздушный шар

baaluu

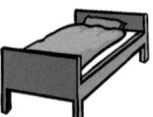

кровать

mpa

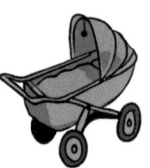

детская коляска

nkwadaa kaa

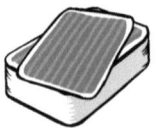

карточная игра

sopaa

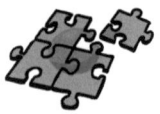

пазл

gyiksɔɔ

комикс

nsɛnkwa

кирпичики Лего

lego blɔg

кубики

blɔg a yɛde si dan

игрушечная фигурка

nnipa ɔbɔhye

ползунки

abɔdoma ataadeɛ

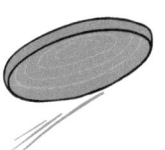

фрисби

frisbee

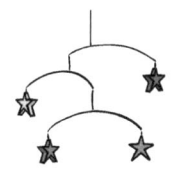

мобиле

mobail

настольная игра

ponoso agodie

кубик

daahye

модель железной дороги

nkwadaa keteke

соска

koliko

вечеринка

apontoɔ

книга с картинками

nfonin nwoma

мяч

bɔɔlɔ

кукла

broniba

играть

di agorɔ

песочница

anwea adaka

качели

adonko

игрушка

tois

игровая приставка

video agodie apaawa

трёхколесный велосипед

sakre a ne nan mɛɛnsa

плюшевый медвежонок

kyoobi

шкаф для одежды

wɔdropo

одежда

ntaadeɛ

носки

sɔks

чулки

stokens

колготки

sekentait

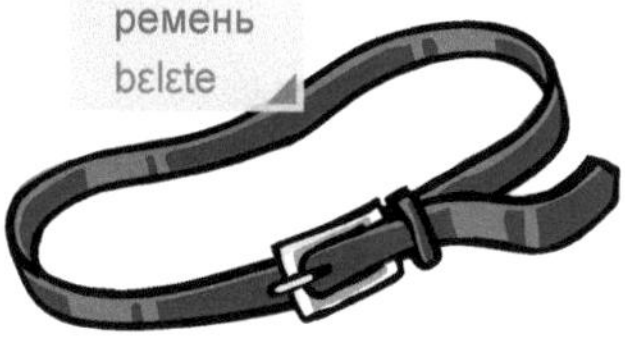

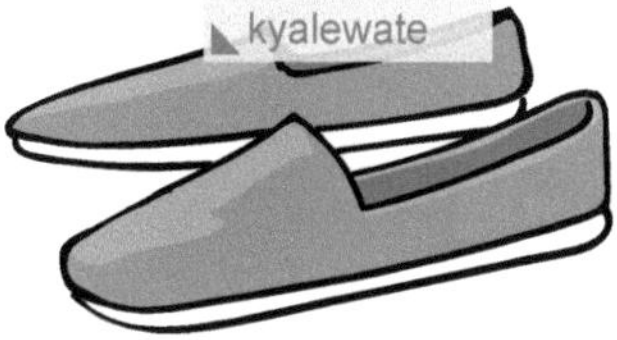

шарф
duku

зонтик
kyinieɛ

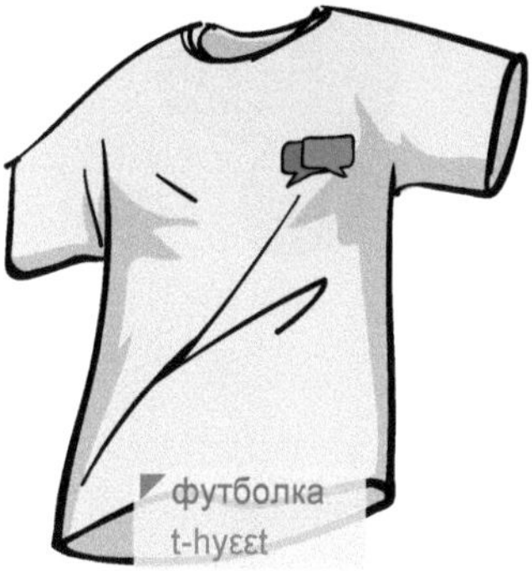

ремень
bɛlɛte

футболка
t-hyɛɛt

кроссовки
kamboo

сапоги
mpaboa

тапки
kyalewate

сандалии
....
asopatre

ботинки
....
mpoboa

резиновые сапоги
....
rɔba mpaboa

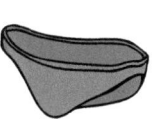

трусы
....
ɛtam

бюстгальтер
....
bra

майка
....
singlɛte

одежда - ntaadeɛ

боди

nipadua

брюки

trɔsa

джинсы

gyins

юбка

sekɛɛt

блузка

ɛsoro ataadeɛ

рубашка

hyɛɛte

свитер

nkatoho a ɛko awɔ

свитер

hoodie

спортивная куртка

koot

жакет

nkatasɔɔ

пальто

nkatasɔɔ

плащ

nsutɔ mu nkataho

костюм

dwumadie bi ho ataadeɛ

платье

mmaa atadeɛ

свадебное платье

ayefrɔ ataadeɛ

мужской костюм

kootu

ночная сорочка

mmaa ataadeɛ a yɛde da

пижама

pigyamas ataadeɛ

сари

sari

платок

duku

тюрбан

abotire

паранджа

burka

кафтан

kaftan

абайя

nkramofoɔ mmaa atadeɛ

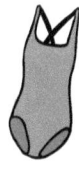

купальник

ataadeɛ a yɛde dware nsuo

плавки

asenemu ataadeɛ

шорты

nika

спортивный костюм

agokansie ntaadeɛ

фартук

akatasoɔ

перчатки

nsa nkataho

пуговица

bɔtom

очки

sopɛɛse

браслет

ahwneɛ

цепочка

komadeɛ

кольцо

kawa

серьга

asomadeɛ

шапка

ɛkyɛ

вешалка

yɛde koot sɛn so

шляпа

ɛkyɛ

галстук

abɔmene mu

застежка молния

zip

шлем

ɛkyɛ denden

подтяжки

bresis

школьная форма

sukuu ataadeɛ

форма

adwuma ataadeɛ

детский нагрудник
mmɔfra bib

соска
koliko

подгузник
nkwadaa napken

офис
asoeɛ

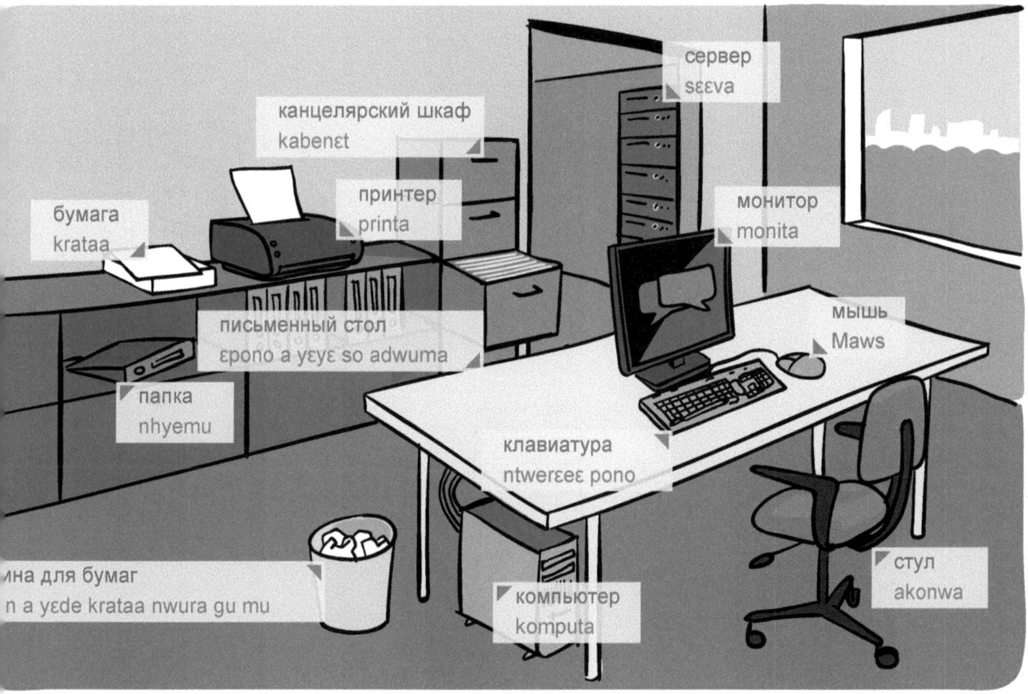

сервер
sɛɛva

канцелярский шкаф
kabenɛt

принтер
printa

монитор
monita

бумага
krataa

письменный стол
ɛpono a yɛyɛ so adwuma

мышь
Maws

папка
nhyemu

клавиатура
ntwerɛeɛ pono

...на для бумаг
...n a yɛde krataa nwura gu mu

стул
akonwa

компьютер
komputa

кофейная кружка
kɔfe kuruwa

калькулятор
akontabuo fidie

интернет
intanɛt

ноутбук

laptop

письмо

lɛta

сообщение

nkratɔɔ

мобильный телефон

mobail kasafidie

сеть

nɛtwɛke

ксерокс

fotokɔpi

программа

softwɛɛ

телефон

tetefon

розетка

sɔkɛt

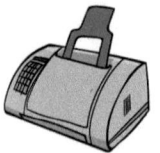

факс

faks afidie

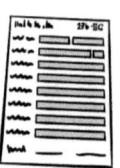

формуляр

katraa

документ

nkrataa

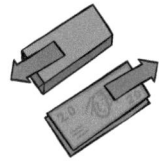

покупать
....
tɔ

платить
....
tua

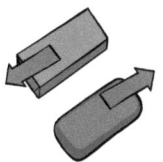

торговать
....
di dwa

деньги
....
sika

**USD**

доллар
....
dollar

**EUR**

евро
....
euro

**JPY**

иена
....
yen

**RUB**

рубль
....
rubel

**CHF**

франк
....
Swiss franks

**CNY**

жэньминьби юань
....
renminbi yuan

**INR**

рупия
....
rupii

банкомат
....
baabi yɛtua sika

пункт обмена валюты

baabi a yɛ sesa sika

золото

sika kɔkɔɔ

серебро

dwetɛ

нефть

now

энергия

ahoɔden

цена

ne boɔ

договор

kontragye

налог

ɛtoɔ

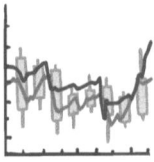

акция

stok

работать

adwuma

служащий

adwumayɛni

работодатель

adwumawura

фабрика

mfididwuma mu

магазин

sotɔɔ

профессии
nwuma ahodɔ

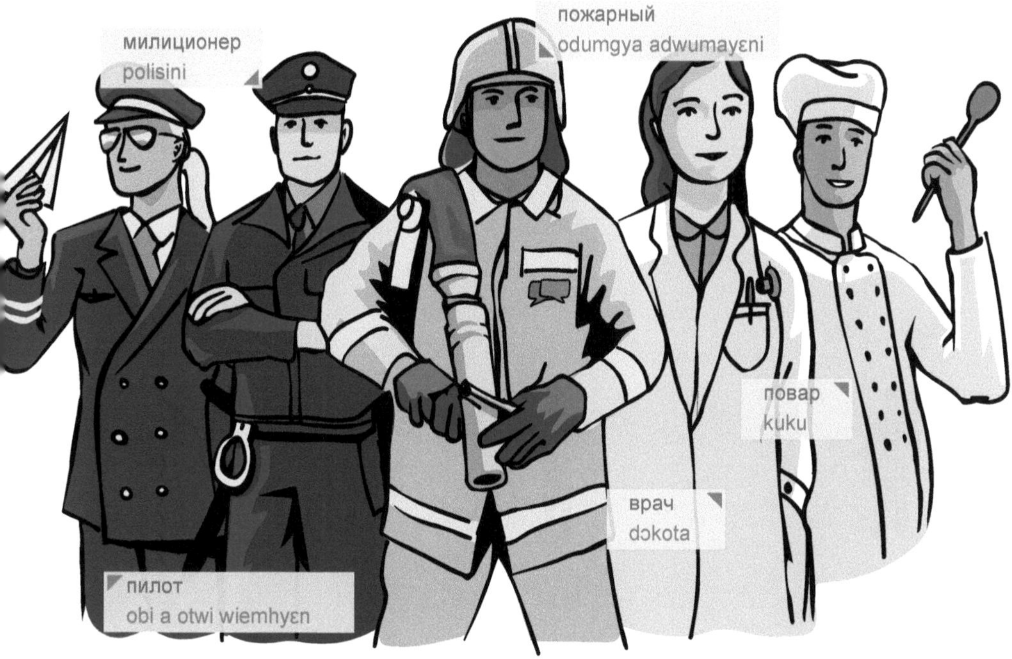
милиционер
polisini
пожарный
odumgya adwumayɛni
повар
kuku
врач
dɔkota
пилот
obi a otwi wiemhyɛn

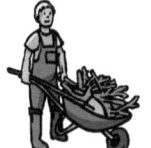

садовник
ɔyɛ afuo

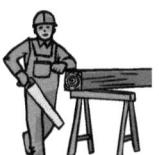

столяр
dua dwomfoɔ

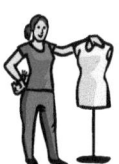

швея
adepani baa

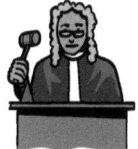

судья
atɛnmuafoɔ

химик
ɔtɔn nnuro

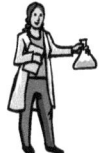

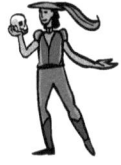

актёр
sini yɛfoɔ

водитель автобуса

bɔs drɔba

таксист

taisi drɔba

рыбак

ɔpofoɔ

уборщица

ɔbaa a osiesie fie

кровельщик

ɔbɔdanso

официант

ɔsom adidieɛ

охотник

bɔmɔfoɔ

художник

penta

пекарь

ɔto paano

электрик

ɔyɛ nkaneɛ ho adwuma

строитель

ɔdansifoɔ

инженер

inginia

мясник

ɔdwa nam

сантехник

plɔmba

почтальон

krataa manefoɔ

профессии - nwuma ahodoɔ

солдат

sogyani

архитектор

ɔdwi adan

кассир

ɔgyegye sika

флорист

ɔtɔn nhwiren

парикмахер

ɔyɛ tire

кондуктор

meeti

механик

fitani

капитан

nnipa a otwi suhyɛn

зубной врач

ɛsee dɔkota

ученый

abɔdeɛ mu nimdefoɔ

раввин

rabi

имам

kramo panin

монах

osɔfo

священник

osɔfo

инструменты
anwenade

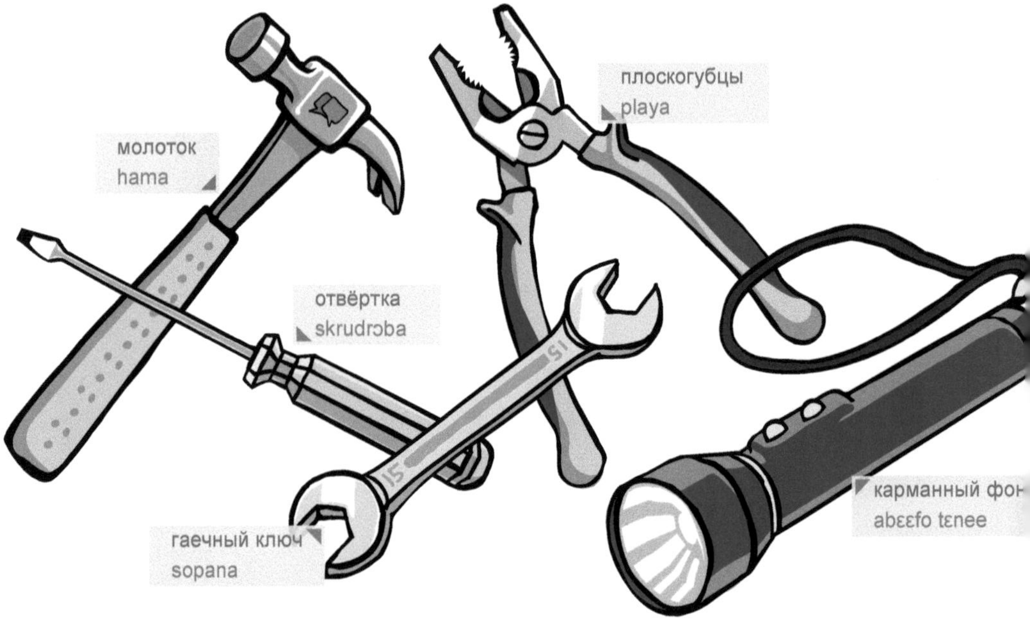

плоскогубцы
playa
молоток
hama
отвёртка
skrudrɔba
карманный фон
abɛɛfo tɛnee
гаечный ключ
sopana

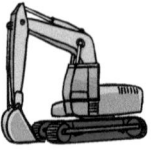

экскаватор

otu amena

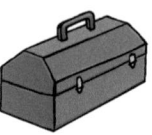

ящик для инструментов

anwenade adaka

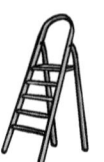

стремянка

atwedeɛ

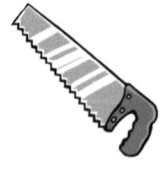

пила

asradaa

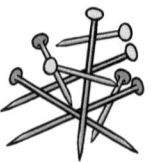

гвозди

nnadewa

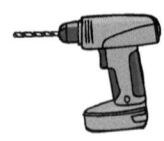

дрель

afidie a yɛde bɔne tokro

ремонтировать

siesie

лопата

sofi

Блин!

Ebei!

совок

asanwura

ведро с краской

penti kukuo

винты

skruu

музыкальные инструменты
nneɛma a yɛde bɔ nwom

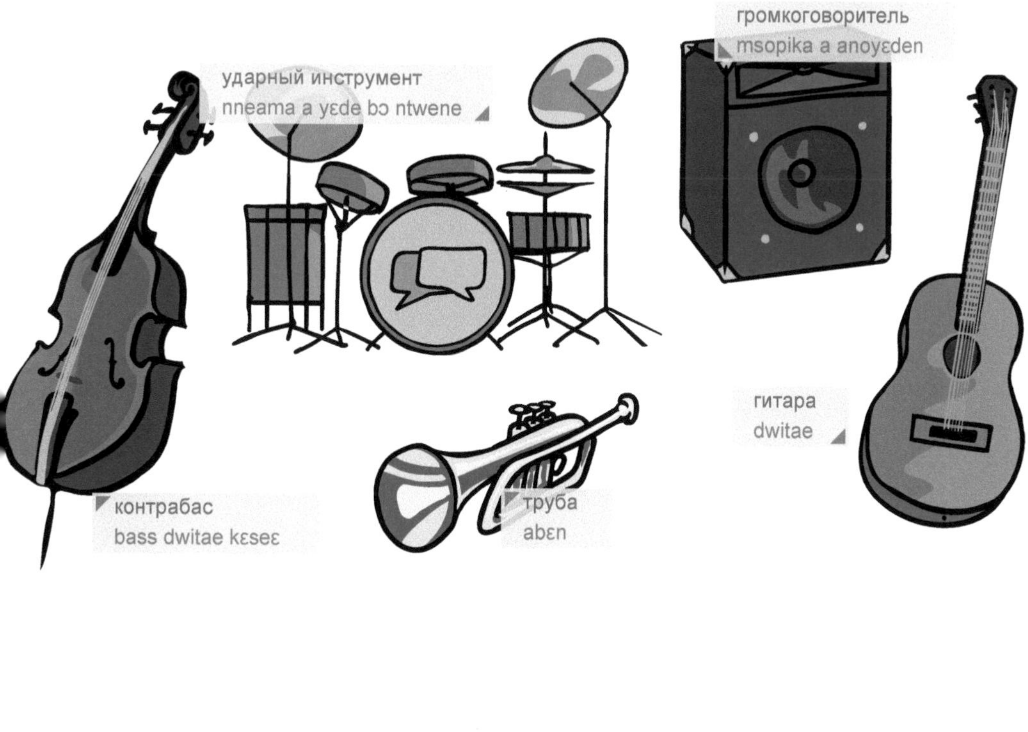

ударный инструмент
nneama a yɛde bɔ ntwene

громкоговоритель
msopika a anoyɛden

гитара
dwitae

контрабас
bass dwitae kɛseɛ

труба
abɛn

пианино

sankuo

скрипка

ahoma sankuo

бас-гитара

bass dwitae

литавры

atumpan

барабан

ntwene

синтезатор

ntwerɛeɛ apa

саксофон

saksofon

флейта

atentenbɛn

микрофон

maikrofon

зоопарк

zoo

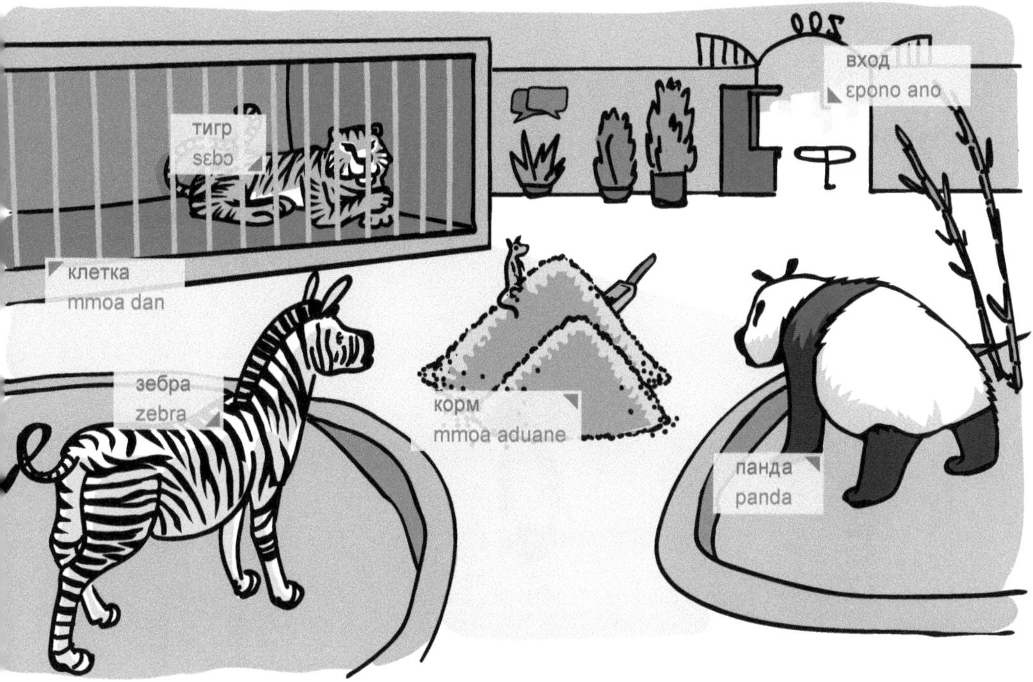
тигр
sɛbɔ
клетка
mmoa dan
вход
ɛpono ano
зебра
zebra
корм
mmoa aduane
панда
panda

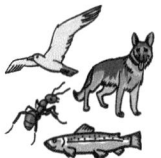

животные
mmoa

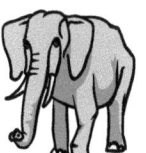

слон
ɔsono

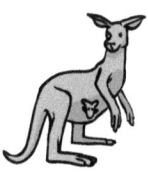

кенгуру
kangaru

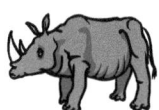

носорог
raino

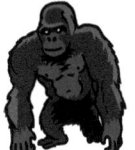

горилла
akatea

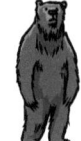

медведь
sisire

верблюд

afunupɔnkɔ

страус

sohori

лев

gyata

обезьяна

adwee

фламинго

flamingo

попугай

ako

белый медведь

awɔ mu sisire

пингвин

penguin

акула

oboodede

павлин

akɔkonini abankwa

змея

ɔwɔ

крокодил

dɛnkyɛm

служитель зоопарка

nnipa ɛhwɛ zoo so

тюлень

nsuo mu gyata

ягуар

sebɔ

пони

pɔnkɔ ba

леопард

etwie

бегемот

susuono

жираф

kɔntenten

орёл

ɔkɔdeɛ

кабан

kɔkɔte

рыба

apataa

черепаха

sudandan

морж

walrus

лиса

sakraman

газель

ɔtwee

американский футбол
Amerikafɔɔ futbɔɔlo

езда на велосипеде
skre twie

теннис
tennis

баскетбол
basketbɔɔlo

плавание
nsuom adwareɛ

бокс
akutruku

хоккей
asukɔkyea so hɔki

футбол
futbɔl

бадминтон
badmintin

лёгкая атлетика
mirikatuo

гандбол
bɔɔlo a yɛde nsa bɔ

лыжный спорт
skii

поло
polo

прыгать
huri

обнимать
bam

смеяться
sere

идти
nante

петь
to dwom

мечтать
so daeɛ

молиться
bɔ mpaeɛ

целовать
fe ano

писать
twerɛ

рисовать
dwi

показывать
kyerɛ

нажимать
pia

давать
ma

брать
fa

иметь

nya

делать

yɛ

быть

yɛ

стоять

gyina

бежать

tu mirika

тянуть

twe

бросать

to

падать

tɔ fam

лежать

da hɔ

ждать

twɛn

носить

soa

сидеть

tenase

надевать

hyɛ ataadeɛ

спать

da

просыпаться

nyane

рассматривать

hwɛ

плакать

su

гладить

san ho

причесывать

nunum

говорить

kasa

понимать

te aseɛ

спрашивать

bisa

слушать

tie

пить

nom

кушать

didi

наводить порядок

yɛ nsiesie

любить

ɔdɔ

готовить

noa

ехать

twi

летать

tu

ходить под парусом

fa nsuo so

считать

sese

читать

kenkan

учиться

sua

работать

adwuma

вступать в брак

ware

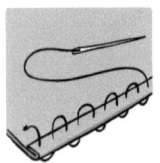

шить

pam

чистить зубы

twitwiri wo se

убивать

kum

курить

nom gyɔt

отправлять

mane

бабушка
nana baa

дедушка
nana barima

папа
papa

мама
maame

младенец
abɔdoma

дочь
ba baa

сын
ba barima

гость

ɔhɔhoɔ

тетя

sewaa

дядя

wɔfa

брат

nua barima

сестра

nua baa

тело

nipadua

лоб
moma
глаз
ani
плечо
abɛtire
палец
nsatea
лицо
anim
подбородок
apantan
кисть
nsa
нога
ɛnan
грудь
nufoɔ
рука
nsa

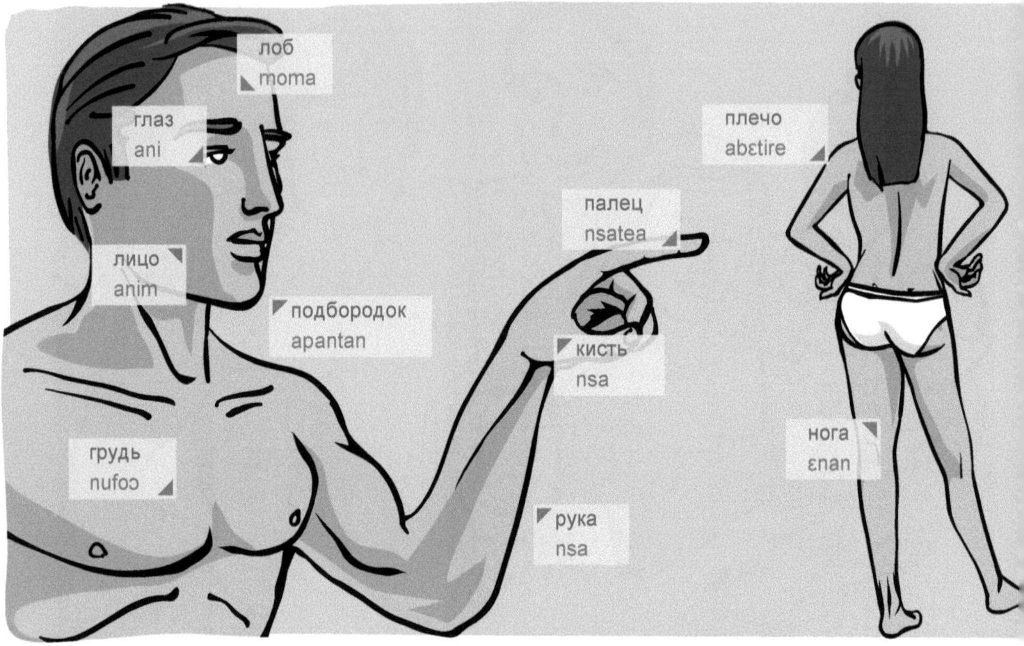

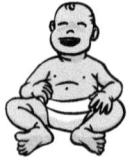

младенец

abɔdoma

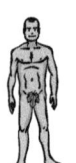

мужчина

barima

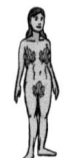

женщина

ɔbaa

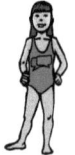

девочка

abayewa

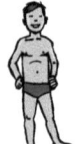

мальчик

abarimawa

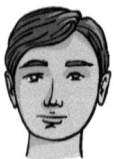

голова

etire

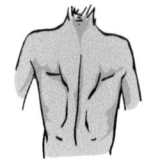

спина

akyi

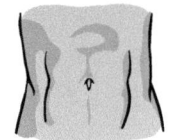

живот

afro

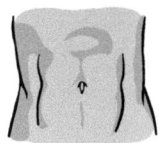

пупок

fruma

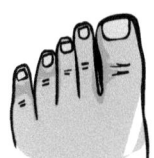

палец ноги

nansoa

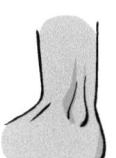

пятка

nantini

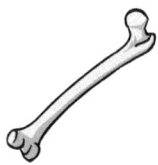

кость

dompe

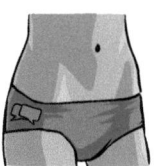

бедро

ataasɔ

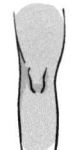

колено

kotodwe

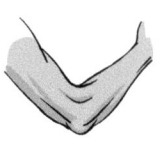

локоть

abatwɛ

нос

ɛhwene

ягодицы

ɛtɔɔ

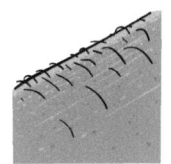

кожа

wedeɛ

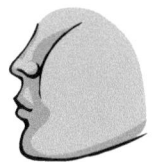

щека

afono

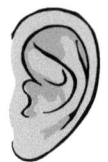

ухо

aso

губа

ano

рот

anom

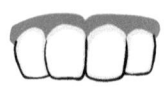

зуб

εsee

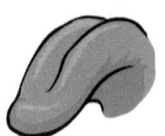

язык

tεkyerεma

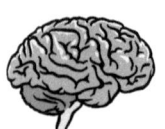

мозг

adwene

сердце

akoma

мышца

ntini

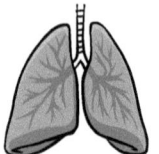

лёгкое

aharawa

печень

brεbɔɔ

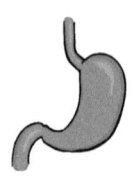

желудок

yafunu

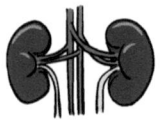

почки

asaa

половой акт

nna

презерватив

kɔndɔm

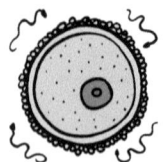

яйцеклетка

ɔbaa nkosua

сперма

barima ho nsuo

беременность

nyinsεn

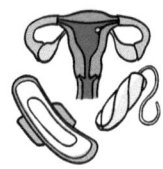

менструация

nsabuo

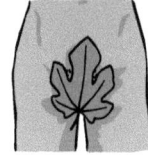

вагина

ɛtwɛ

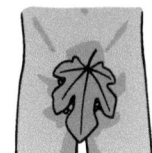

пенис

kɔteɛ

бровь

anintɔn

волосы

enwin

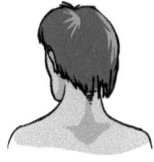

шея

ɛkɔn

больница

ayaresabea

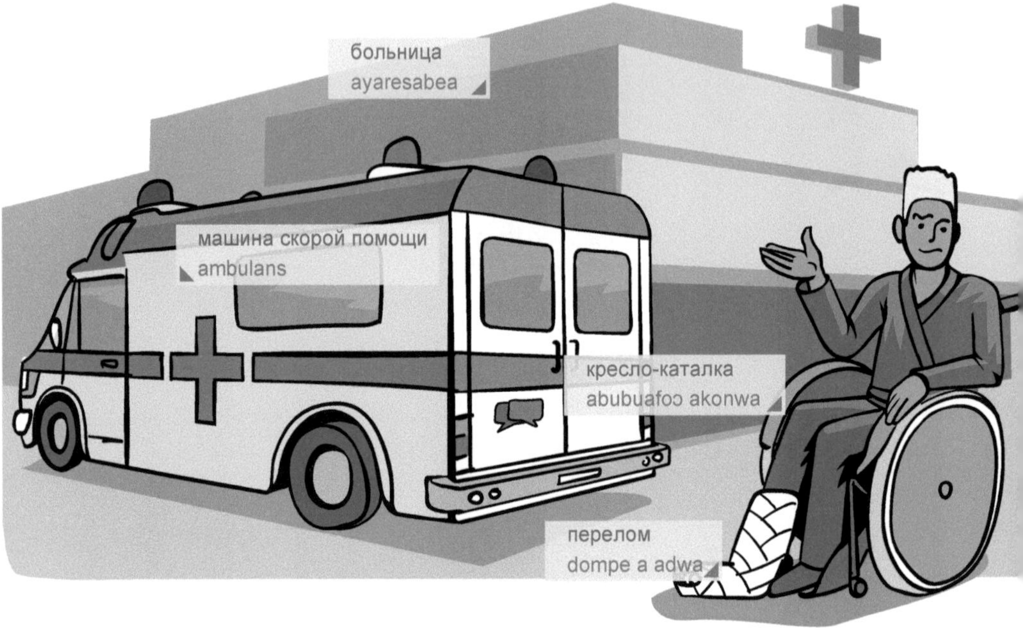

больница
ayaresabea
машина скорой помощи
ambulans
кресло-каталка
abubuafoɔ akonwa
перелом
dompe a adwa

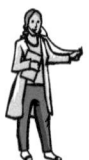

врач

dɔkota

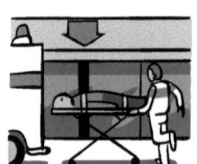

пункт первой помощи

ɛdan a wɔde putupru nsɛm kɔmu

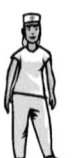

медсестра

nɛɛse

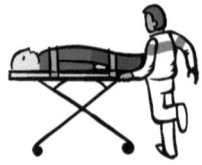

неотложный случай

putupru

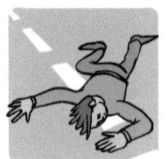

без сознания

wɔ atwa ahwe

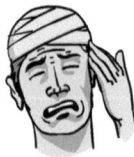

боль

yea

повреждение

epira

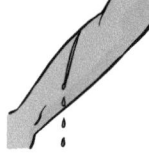

кровотечение

mogyatuo

инфаркт

akoma yarenini

инсульт

stroke yareɛ

аллергия

allegyi

кашель

ɛwa

повышенная температура

ahɔɔhyeɛ

грипп

papu

понос

ayamtuo

головная боль

tipaeɛ

рак

kokoram

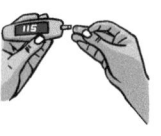

диабет

asikyire yareɛ

хирург

dɔkota a ɛyɛ ɔprehyɛn

скальпель

skapɛl sekan

операция

aprehyɛn

КТ

CT

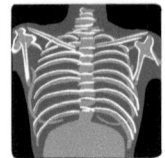

рентген

x-ray

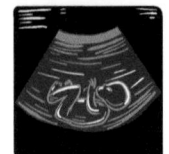

ультразвук

ultrasound

маска

nkatanim

болезнь

yareɛ

приёмная

ɛdan a wɔ twɛn mu

костыль

krɔhyes

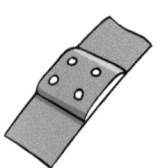

пластырь

plasta

бинт

banege

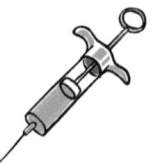

укол

panɛɛ

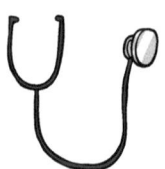

стетоскоп

Stetoskop

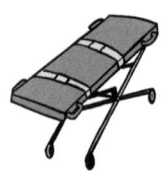

носилки

ahomankaa

термометр

afidie a esusu ahoɔhyeɛ

рождение

awoɔ

избыточный вес

kɛseɛ mmorosoɔ

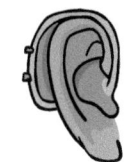

слуховой аппарат

afidie a ɛboa asɛmtie

дезинфекционное средство

aduro a ekum mmoawa

инфекция

yareɛ a mmoawa deba

вирус

vaarɔs

ВИЧ / СПИД

HIV / AIDS

лекарство

aduro

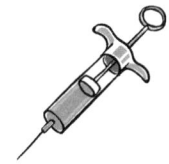

прививка

aduro a esi yareɛ ano

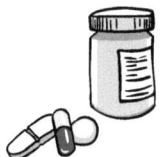

таблетки

aduro tablɛte

противозачаточная таблетка

topaeɛ

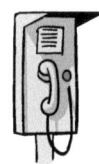

экстренный вызов

ɔfrɛ wɔ putupru so

прибор для измерения кровяного давления

afidie a esusu mogya mmrosoɔ

больной / здоровый

yareɛ / apomuden

сигнал тревоги

kɔkɔbɔ

нападение

ɛborɔ

Помогите!

Boa me!

атака

ato ahyɛ obi so

опасность

ɛyɛ hu

запасной выход

baabi a yɛfa de pue putupru
so

Пожар!

Ogya!

огнетушитель

afidie a yɛde dumgya

несчастный случай

nkwanhyia

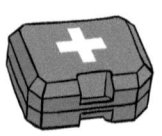

аптечка

nneɛma yɛde sɔ yareɛ ano

SOS

SOS

милиция

polisi

Европа

Yuropo

Северная Америка

Amerika atifi

Южная Америка

Amerika ananfɔ

Африка

Abiberm

Азия

Asia

Австралия

Australia

Атлантический океан

Atlantik

Тихий океан

Pasifek

Индийский океан

India po kɛseɛ

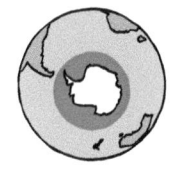

Антарктический океан

Antaatek po keseɛ

Северный Ледовитый океан

Aatek po kɛseɛ

Северный полюс

Ewiase atifi

Южный полюс

Ewiase anaafoɔ

Антарктика

Antaatek

земля

Ewiase

суша

asaase

море

ɛpo

остров

supɔ

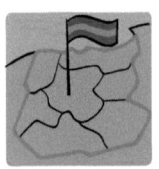

нация

ɔman

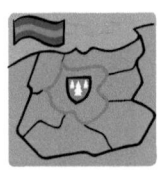

государство

ɔman

циферблат

klɔko no anim

часовая стрелка

dɔnhwere nsa no

минутная стрелка

sima nsa

секундная стрелка

anitɛtɛ nsa no

Который час?

Abɔ sɛn?

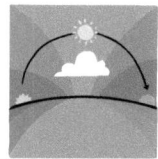

день

da

время

berɛ

сейчас

seeseiara

электронные часы

wkye a nɔma wɔ so

минута

sima

час

dɔnhwere

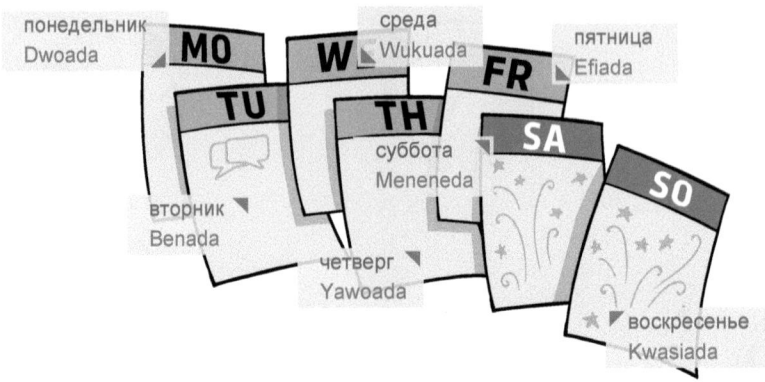

понедельник
Dwoada

среда
Wukuada

пятница
Efiada

вторник
Benada

четверг
Yawoada

суббота
Meneneda

воскресенье
Kwasiada

вчера

ɛnora

сегодня

ɛnora

завтра

ɔkyina

утро

anɔpa

полдень

prɛmtobrɛ

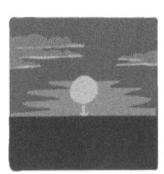

вечер

anwumerɛ

рабочие дни

adwuma nna

выходные

nnawɔtwe awieɛ

год

afe

дождь
nsutɔ
радуга
nyankontɔn
снег
asukɔkyea
ветер
mframa
весна
nsutɔbrɛ
осень
autumnbrɛ
лето
awiabrɛ
зима
awɔbrɛ

4.APRIL 11°
5.APRIL 4°
6.APRIL 13°
7.APRIL 8°
8.APRIL 10°

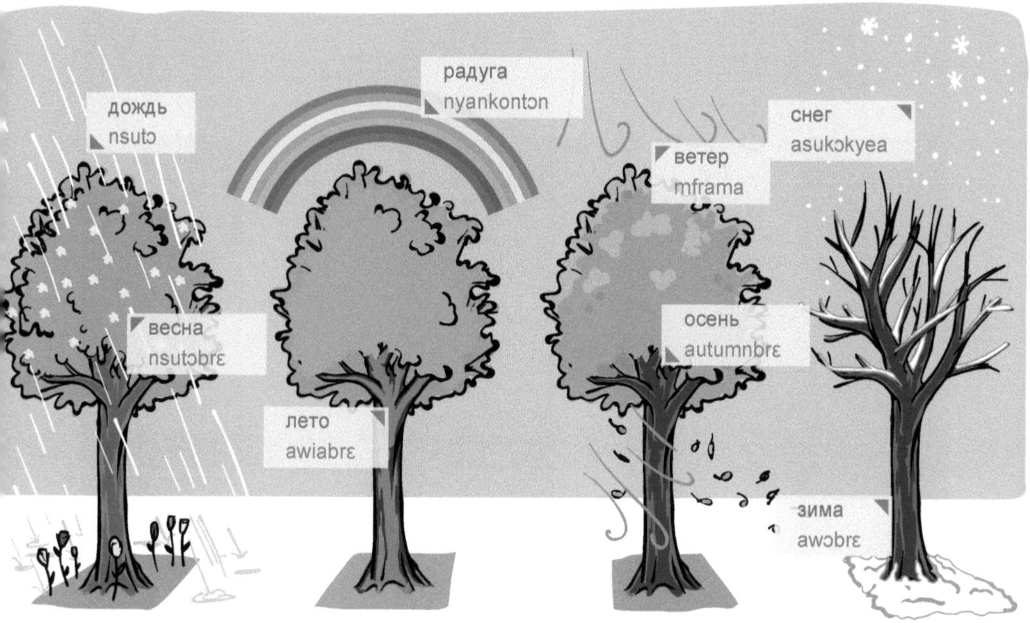

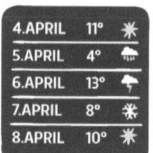

прогноз погоды

ewiem nsakrɛeɛ

F
C
120
90
60
30
0
-30
40
30
20
10
0
-10
-20

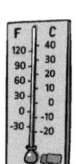

термометр

afidie a esusu ade ho hyeɛ

солнечный свет

awiabɔ

туча

munukum

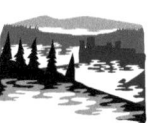

туман

ɛbɔ

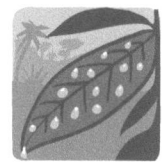

влажность воздуха

ewiem nsuo

молния

ayerɛmo

гром

apranaa

буря

ehum

град

asukɔkyea

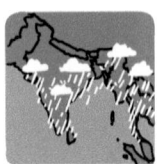

муссон

monsoonbrɛ

наводнение

nsuyiri

лёд

aise

январь

ɔpɛrɔn

февраль

ɔgyefoɔ

март

ɔbɛnem

апрель

Oforisuo

май

Kotonimaa

июнь

Ayɛwohomumu

июль

Kitawonsa

август

ɔsanaa

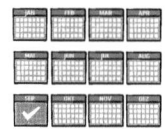

сентябрь
....
ɛbɔ

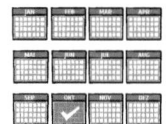

октябрь
....
Ahinime

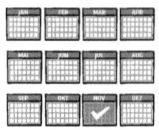

ноябрь
....
Obubuo

декабрь
....
ɔpɛnimaa

формы
abosuo

круг
....
kanko

квадрат
....
sokwɛɛ

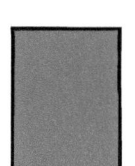

прямоугольник
....
rɛktangel

треугольник
....
triangel

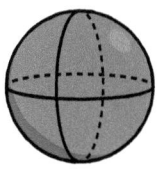

шар
....
krukruwa

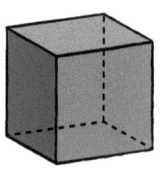

куб
....
adaka

белый

fitaa

желтый

akokɔ sradeɛ

оранжевый

ankaa

розовый

pink

красный

kɔkɔɔ

лиловый

pɛpol

синий

bruu

зелёный

ahaban mono

коричневый

braun

серый

nson

черный

tuntum

много / мало

pii / ketewa

яростный / мирный

wo boafu / wɔ adwo

красивый / уродливый

ɛyɛ fɛ / ɛyɛ tan

начало / конец

ahyɛseɛ / awieɛ

большой / маленький

kɛseɛ / esua

светлый / темный

ɛha / esum

брат / сестра

nuabarima / nuabaa

чистый / грязный

ɛho te / ayɛ fin

полный / неполный

awie / enwieɛ

день / ночь

awia / anadwo

мёртвый / живой

awu / ɛte ase

широкий / узкий

emubae / ɛyɛ tea

съедобный / несъедобный

yɛde / yɛnni

злой / дружелюбный

bɔne / tema

взволнованный / скучающий

wɔ aniagye / wɔ ani nka

толстый / худой

ɔso / teatea

сначала / в конце

edikan / etwatɔɔ

друг / враг

adamfoɔ / atamfo

полный / пустой

ayɛ mma / hwee nim

твёрдый / мягкий

ɛdenden / mmerɛ mmerɛ

тяжёлый / легкий

ɛyɛ duru / ɛyɛ ha

голод / жажда

ɛkɔm / nsukɔm

больной / здоровый

yareɛ / apomuden

незаконный / законный

etia mmara / ɛwɔ mmara mu

умный / глупый

nyansa / gyimi

слева / справа

benkum / nifa

близко / далеко

ɛbɛn / akyire

новый / подержанный

foforɔ / dada

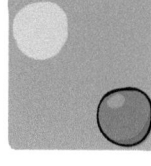

ничто / нечто

hwee / biribi

старый / молодой

wɔ anyini/ ɔsua

включено / выключено

sɔ /dum

открыто / закрыто

bue / tom

тихо / громко

dinn / dede

богатый / бедный

ɔdefoɔ / ohia

правильный /
неправильный
nifa / benkum

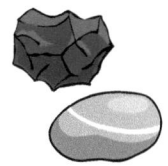

шероховатый / гладкий

werewerɛwerewerɛ /
trontron

печальный / счастливый

awerɛhoɔ / anigyeɛ

короткий / длинный

tietia / tenten

медленный / быстрый

nyaa / ntɛm

мокрый / сухой

ɔw / cfa

тёплый / прохладный

dedɛɛdeɛɛ / adwo

война / мир

akoo / asomdweɛ

0	**1**	**2**
ноль	один	два
hwee	baako	mienu

3	**4**	**5**
три	четыре	пять
meɛnsa	ɛnan	enum

6	**7**	**8**
шесть	семь	восемь
nsia	nson	nwɔtwe

9	**10**	**11**
девять	десять	одиннадцать
nkron	edu	du-baako

12

двенадцать

du-mienu

13

тринадцать

du-meɛnsa

14

четырнадцать

du-nan

15

пятнадцать

du-num

16

шестнадцать

du-nsia

17

семнадцать

de-nson

18

восемнадцать

du-nwɔtwe

19

девятнадцать

du-nkron

20

двадцать

aduonu

100

сто

ɔha

1.000

тысяча

apem

1.000.000

миллион

ɔpepem

английский

Brɔfo

американский английский

Amerikafoɔ Brɔfo

мандаринский китайский

Chainfoɔ Mandarin

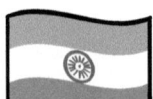

хинди

Hindi

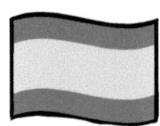

испанский

Spainfoɔ kasa

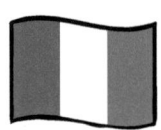

французский

French kasa

арабский

Arabia kasa

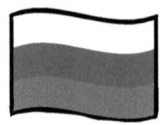

русский

Russianfoɔ kasa

португальский

Portugalfoɔ kasa

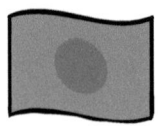

бенгальский

Bengali

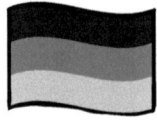

немецкий

Germanfoɔ kasa

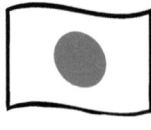

японский

Japanfoɔ kasa

я

Me

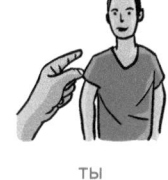

ты

wo

он / она / оно

ono

мы

yɛn

вы

wo

они

ɔmmo

кто?

hwan?

что?

deɛ bɛn?

как?

ɛyɛ deɛn?

где?

ehen?

когда?

dabɛn?

имя

edin

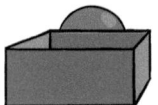

за
akyire

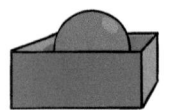

в
emu

перед
anim

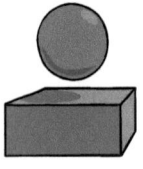

над
ɛsoro

на
ɛso

под
aseɛ

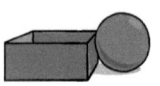

рядом
nkyɛn

между
ntɛm

место
beaɛ